A ESPALDAS DE DIOS

Behind God's Back

(Isten háta mögött)

A ESPALDAS DE DIOS
POEMAS
SÁNDOR KÁNYÁDI

Traducción en español:
Rodrigo Escobar Holguín
Ricardo Pérez-Salamero García
Carlos Hernández Peña

***

English translation from the Hungarian by Paul Sohar
Behind God's Back
(Isten háta mögött)

RAGGED SKY PRESS PRINCETON, NEW JERSEY

Copyright © 2015 Ragged Sky Press
All rights reserved

Published by Ragged Sky Press
P.O. Box 312, Annandale, NJ 08801
www.raggedsky.com

Library of Congress Control Number: 2015950664
ISBN: 978-1-933974-19-4

Front cover illustration and back cover detail
from a photo by Luke O'Brien Photography
www.lukeobrien.com.au

Design: Jean Foos and Dirk Rowntree

Author photo by Gábor Zsille

Printed in the United States of America

First Edition

The publication of this book was sponsored by
the poet's anonymous admirers who wanted to honor
him on his 86th birthday.

La publicación de este libro es patrocinada por
admiradores anónimos del poeta que desean rendirle
homenaje en su octogésimo sexto aniversario.

CONTENTS / CONTENIDO

VIII About Sándor Kányádi/Acerca de Sándor Kányádi

- 1 -

2 A POEM IS SOMETHING YOU HAVE TO TELL
    (A vers az, amit mondani kell)
3 UN POEMA ES ALGO QUE SE TIENE QUE DECIR

4 SMOKE *(Füst)*
5 HUMO

6 OSTINATO *(Ostinato)*
7 OSTINATO

8 AN EXCHANGE OF WORDS *(Szóváltás)*
9 INTERCAMBIO VERBAL

10 PENNY *(Fillér)*
11 CENTIMO

12 SNAPSHOT *(Pillanatkép)*
13 INSTANTANEA

14 THEY TAKE OFF... *(Felröppen olykor...)*
15 ALZAN VUELO...

16 BEHIND SMILES *(Mosolyok mögött)*
17 DETRAS DE SONRISAS

18 SEA IN SLUMBER *(Szunnyadó tenger)*
19 MAR SOÑOLIENTA

20 A BALLOON *(Léggömb)*
21 GLOBO

22 BEHIND GOD'S BACK *(Isten háta mögött)*
23 A ESPALDAS DE DIOS

24 A REALITY POEM *(Konkrét költemény)*
25 UN POEMA DE REALIDAD

- 2 -

36 ALL SOULS' DAY IN VIENNA *(Halottak Napja Bécsben)*
37 EL DIA DE LOS FIELES DIFUNTOS EN VIENA

- 3 -

70 UNDER THE SOUTHERN CROSS *(Dél keresztje alatt)*
    INVOCATION *(Invokáció)*
71 BAJO LA CRUZ DEL SUR/INVOCACION

72 BETWEEN FOREIGN RIVERS *(Folyók között)*
73 ENTRE RIOS EXTRANJEROS

78 BOGOTA BAGATELLES *(Bogotai bagatellek)*
79 BAGATELAS DE BOGOTA

82 WREATH *(Koszoru)*
83 GUIRNALDA

84 THE CHRIST OF CORCOVADO (RIO) *(A Corcovado Krisztusa)*
85 EL CRISTO DEL CORCOVADO (RIO)

86 THE VIEW LEAVING RIO *(Látkép)*
87 LA VISTA PARTIENDO DE RIO

88 BRIEF ENCOUNTER WITH CARTAGENA *(Románc)*
89 ROMANCE CON CARTAGENA

94 IF *(Ha)*
95 SI

96 UNDER THE SOUTHERN CROSS IN HARGHITA
    (Dél keresztje alatt)
97 BAJO LA CRUZ DEL SUR EN HARGHITA

100 Acknowledgments / Agradecimientos

102 Biographical Notes / Notas Biográficas

ABOUT SÁNDOR KÁNYÁDI (1929–)

A Hungarian poet from a modest village background, Sándor Kányádi was born and educated in the Hungarian community of Transylvania, Romania. He graduated with a teacher's certificate but then worked as an editor of a magazine. He was eighteen when his first poem was published in a newspaper, and then he went on to produce numerous volumes of poetry and translation, eventually garnering every important prize in Romania and Hungary in addition to the prestigious Herter Prize in Vienna. His work has been translated into most European languages, including English: *Dancing Embers,* (selected translations, Twisted Spoon Press, 2002) followed by an enlarged edition *In Contemporary Tense* (Iniquity Press, 2013), both translated by Paul Sohar.

The three poets responsible for the Spanish translation first came to know Sándor Kányádi's poetry through English translations. Thus it is only appropriate to present these poems in both languages and make them accessible in both parts of the Western Hemisphere, north and south. The Hungarian titles are included for Hungarian readers who may want to look up the original text. Three sections make up this small selection: "A Poem Is Something You Have to Tell," mostly pithy short poems in free verse; giving this section stylistic unity on personal subjects as well as on societal and ethnic concerns from all periods in Kányádi's life; "All Souls' Day in Vienna," the poet's *opus magnum* from his prime that summarizes the major themes of his oeuvre in a potpourri of his styles, modern free verse in addition to formal poetry with the terseness of folksongs in which he combines historical perspective with scenes of simple village life; "Under the Southern Cross," a poetry cycle inspired by the poet's tour of the Hungarian diaspora in South America when seeing his compatriots in that distant land brought back his anxiety about the survival of his ethnic minority back home, but he was also eager to take in the impressions of the tour and reflect them in his poems written *in loco,* also in a mix of traditional and modern styles which he pursued parallel all through his creative career. He is still active, except his reading tours are closer to home now, but he still recites his poems and the Hungarian classics from memory.

It's also appropriate to note, this special edition displays the versatility (or virtue) that Spanish language offers, as can be tasted here with these translations from Spain, Colombia, and Mexico.

ACERCA DE SÁNDOR KÁNYÁDI (1929-)

Poeta húngaro originario de una modesta población, nació y se educó en la comunidad húngara de Transilvania, Rumania. Se graduó con certificado de maestro, pero trabajó como editor de una revista. Tenía 18 años cuando publicó su primer poema en un periódico, y luego pasó a producir numerosos volúmenes de poesía y traducción, finalmente obteniendo todos los premios importantes en Rumania y Hungría, además del prestigioso Premio Herter en Viena. Su obra ha sido traducida a la mayoría de los idiomas europeos, inglés incluído: *Dancing Embers* (selección de traducciones, Twisted Spoon Press, 2002), seguida de una edición ampliada *In Contemporary Tense* (Iniquity Press, 2013), ambas traducidas por Paul Sohar.

Los tres poetas responsables de la traducción en español conocen por primera vez la poesía de Sándor Kányádi través de las traducciones al inglés. Por lo tanto, es apropiado presentar estos poemas en los dos idiomas y hacerlos accesibles en ambas partes del hemisferio occidental, norte y sur. Los títulos en húngaro se incluyen para los lectores húngaros que quieran consultar el texto original. Tres secciones componen este poemario: "Un poema es algo que se tiene que decir", son poemas cortos y concisos en verso libre, dando a esta sección unidad estilística sobre temas personales y preocupaciones sociales y étnicas de todas las épocas de la vida de Kányádi; "Día de los Fieles Difuntos en Viena" es la obra magna del poeta en su mejor momento que resume los temas principales de su obra en un popurrí de sus estilos, moderno verso libre además de poesía formal y el laconismo de la canción folclórica, donde combina una perspectiva histórica con escenas de una vida sencilla en un pueblo pequeño; "Bajo la Cruz del Sur", es un ciclo de poesía inspirada en el viaje del poeta a la diáspora húngara en América del Sur, ver a sus compatriotas en aquella tierra lejana evocó su ansiedad por la supervivencia de su minoría étnica de vuelta en casa, pero también estaba ansioso por disfrutar de las impresiones de la gira y reflejarlas en sus poemas escritos *in loco*, igualmente en una mezcla de estilos tradicionales y modernos que ejerció en paralelo a lo largo de su creativa trayectoria. Activo hasta la fecha, aunque sus giras de lecturas ahora son más cerca de casa, él aún recita sus poemas y los clásicos húngaros de memoria.

También es apropiado observar que esta edición especial muestra la versatilidad (o virtud), que el idioma español ofrece, como se puede gustar aquí, proveniente de estos traductores de España, Colombia y México.

– 1 –

Un poema
es algo
que se tiene
que decir

A POEM IS SOMETHING YOU HAVE TO TELL
(A vers az, amit mondani kell)

A POEM IS SOMETHING YOU HAVE TO TELL
(A vers az, amit mondani kell)

That was the answer a schoolchild in a village gave on one of my reading tours of the countryside. What is a poem? was the question, his own, and he had addressed it to me, obviously prompted by the teacher. Caught off guard I had tossed the question back to him the way the frightened soldier of the old war stories threw back the yet unexploded hand grenade.

"Well, what do you think a poem is?"

"A poem is something," he was clinging to my gaze for encouragement, "that you have to tell."

At first a stifled snicker rippled through the classroom. Is that all? You tell stories, you tell jokes... and you tell poems... Only the two of us stood there in awe.

His was mostly due to relief of having rid himself of that boomerang but also to gratitude for my not joining in the general laughter.

And mine was due to the realization that this schoolchild found a simple way to formulate a truism I had long entertained but was unable to put into plain words. It was as if I had been brushed by a breeze coming from the beginning of time. A poem is something you have to tell.

As if, startled from his slumber, Homer had opened his blind yet light-filled eyes at me.

As if poems exiled into books since Gutenberg had risen and hurried back home, to stand up at the podium, appear on screen and sing marching on tape or dancing around on a disk.

As if Sándor Petőfi, our national poet, had sat down among us.

A poem is something you have to tell.

UN POEMA ES ALGO QUE SE TIENE QUE DECIR

Tal fue la respuesta de un alumno de aldea en una de mis giras rurales. ¿Qué es un poema? era la pregunta, de él mismo, y me la lanzaba, dirigido obviamente por su maestro. Tomado por sorpresa le devolví la pregunta igual que un soldado en pánico devuelve la granada aún sin estallar.

—Bueno, y qué piensas tú que es?

—Un poema es algo—y se colgaba de mis ojos buscando apoyo—que se tiene que decir.

La clase rompió en risas. Así. Como cuando alguien cuenta un cuento, o dice un chiste, o dice un poema. Los dos quedamos llenos de asombro.

El suyo era sobre todo por el alivio de haberse librado de ese bumerán, y también por su gratitud al no unirme a la risa general.

Y el mío era por darme cuenta de este alumno que había hallado un modo de decir la trillada verdad que yo por mucho tiempo guardé sin poder expresar en palabras.

Un poema es algo que se tiene que decir.

Fue como si, desde el comienzo de los tiempos, una brisa viniera a refrescarme.

Como si, despertando de su sueño, Homero hubiera abierto sobre mí sus ojos ciegos pero llenos de luz.

Como si los poemas exiliados a los libros desde Gutemberg se hubieran levantado y vuelto a casa, para ponerse ante el podio o en la pantalla y cantaran marchando sobre la cinta o girando sobre el disco.

Como si Sándor Petőfi, nuestro poeta nacional, hubiera tomado asiento entre nosotros.

Un poema es algo que se tiene que decir.

SMOKE
(Füst)

Smoke has been the sign of human settlement
ever since Prometheus' defiant act,
ever since people settled down to roasting,
torching, scorching, and cremating, ever since
human history began its smoldering.

The pale blue smoke of campfires and
the black smoke of plunder, burning stakes,
and crematoria; they both have stained the sun
and its starry vault in this accustomed homey hue.

Puffing on a cigarette I'm sitting high up on a hill,
watching translucent supper smoke weave its way
from the valley across the reclining sunrays;
but it's the sickening fume of burning brains
that tickles my memory for taste and smell.

Could they be burning books somewhere?

1965

HUMO

Ya de lejos denota el humo arraigo humano
desde la trasgresión de Prometeo
desde que se calienta, cuece y asa,
incinera, incendia y quema
desde entonces humea
la historia humana.

Leve humo azul de fuegos en la noche,
humo oscuro de pira, hoguera y crematorio
han teñido de negro familiar la bóveda
sostén del sol, la luna y las estrellas.

Fumo sentado en la colina y desde el valle
se encarama traslúcido el humo de las casas
sobre rayos de sol casi a nivel,
pero el inaguantable humo de sesos
me agita la memoria de sabores y olores.

¿Quemarán libros en alguna parte?

OSTINATO

I was there when the poet
was pushed around like a thief

I was there when the poet
was humiliated like a thief

I was there when the poet
was convicted as a thief

I was there and I who'd never stolen
began to tremble like a thief

1972

OSTINATO

Yo estaba allí cuando al poeta
lo empujaron como a un ladrón

Yo estaba allí cuando al poeta
lo humillaron como a un ladrón

Yo estaba allí cuando al poeta
lo apresaron como a un ladrón

Yo estaba allí y no había robado
y temblaba como un ladrón

AN EXCHANGE OF WORDS
(Szóváltás)

I carried you on my back
when you lost your legs
and you instead of thanking me
decided to grow wings

you carried me on your back
when I lost my legs
and just so I wouldn't have to thank you
I decided to grow wings

1977

INTERCAMBIO VERBAL

Yo te cargué sobre mi espalda
cuando te quedaste sin piernas,
y en lugar de darme las gracias
lo que tú hiciste fue echar alas

Me cargaste sobre tu espalda
cuando yo me quedé sin piernas,
y para no darte las gracias
lo que yo hice fue echar alas

PENNY
(Fillér)

All of a sudden in the metro the thought
of my scythe stabbed me in the chest, I had left it
on a mulberry branch, must have turned to rust:
frozen on the spot I
tossed a ten-centime piece
to the blind accordion player,
by the click a crow was scared up from a branch
and melted soon into the tunnel's dark.

1969

CENTIMO

De pronto en el metro me dolí
de mi azada en las ramas del peral,
mordida por el óxido;
me detuve y tiré
diez céntimos al ciego
del acordeón, y al tintineo
de las ramas se alzó un grajo
y en lo oscuro del túnel fue a perderse.

SNAPSHOT
(Pillanatkép)

The shadow of a small cloud
sails across the sun-baked hillside,
neutralizing all the other shadows here:
the reapers look up,
the wheat starts to sway,
the spring stands amazed,
the rabbit starts,
the branch fidgets,
the hawk stands still.
Everyone and everything responds
in some way to the change.

And then, things get back into
the usual rhythm of the world.

1964

INSTANTANEA

Pasa la sombra de una nube
sobre una ladera soleada
cancelando las demás sombras:
miran arriba los que siegan,
el trigo comienza a mecerse,
se sorprende la fuente,
alerta se pone la liebre,
se balancean los ramajes,
el halcón se queda quieto.
En todo y todos de algún modo
hay algún efecto del cambio.

Y después todo continúa
al ritmo usual del mundo.

THEY TAKE OFF...
(Felröppen olykor...)

once in a while a dove-winged
verse or two
still take off
they don't venture far
only circle around the nest
if they exchange a word
it's only for old time's sake
the decent thing to do
they preen themselves
fussing on a branch
content to stay quiet
when the young ones
begin to squeak

1977

ALZAN VUELO...

a veces alzan vuelo
con alas de paloma
o tórtola unos versos
sin querer llegar lejos
rondan apenas
en torno al nido,
si acaso se hablan
es de los viejos tiempos
y por decencia,
alisando sus plumas
a conciencia en las ramas,
felices de callarse
cuando las crías
comienzan a chillar

BEHIND SMILES
(Mosolyok mögött)

We reside behind smiles,
meager little public
staircase smiles,
we snap on the padlock
of a polite nod
sanctioned worldwide,
and we are safe at home;
we can slip our souls
into bathrobes
and slippers, and no one will
bother us till the morning
except perhaps on the phone.

I grew up in a village
with one single street where
I never saw the inside of one other house;
when we started studying geography
it seemed to me that Africa, Asia, America,
and even far-off Australia
stretched out from the church
to the end of the street,
over all of four or five houses.

This horizontal mystery has
turned vertical in forty years;
therefore, even the latest techniques
of semiotics cannot
possibly
find fault with me,
even though there is no elevator, and we
have to hike up three flights of stairs.　　　*1977*

DETRAS DE SONRISAS

Vivimos tras sonrisas
tras pequeñas y mínimas
sonrisas de escalera,
pasamos ante ellas
la firme cerradura
mundialmente sabida
y ya estamos en casa
en paz bata y pantuflas
escondemos el alma
hoy ya no habrán de molestarnos
si mucho en el teléfono.

En mi infancia había una calle
una no más en todo el pueblo
en otras casas yo no estuve
comenzamos a estudiar luego
geografía Africa Asia América
y hasta la lejana Australia
comenzaban y terminaban
en esa calle desde el templo
hasta después de cuatro o cinco casas.

Ese misterio horizontal en cuatro
décadas se ha vuelto vertical
y así conmigo hasta las últimas
novedades de la hermenéutica
podrían darse por satisfechas
—completamente—
aunque no haya ascensor y nos tengamos
que subir por tres pisos de escaleras.

SEA IN SLUMBER
(Szunnyadó tenger)

the sea is not asleep
only in slumber like a horse
that whips its tail at times
and then shakes its mane
on her feet the sea slumbers
just like a horse
from under her half-closed
eyelids the white of
the curving horizon gleams

1971

MAR SOÑOLIENTA

la mar no está dormida
apenas cabecea como yegua
por veces sacude la cola
agitando las crines
la mar dormita en sus patas
como una yegua
desde sus párpados
entreabiertos aún blanquea
el rotundo horizonte

A BALLOON
(Léggömb)

A brightly colored huge balloon is drifting overhead.
Muddling through mud holes, trampling on flowers
and lawns, with my neck craned, I run
after it. The balloon drifts higher and higher yet
remains so huge that it covers the whole sky, the blue.
Let me have some firearm or at least a slingshot,
because I can't live with the cursing of the flowers
and lawns and mud spots splattered on my
skin like burning welts; I'd like to watch my step
once again and, most of all, to see the bright
blue sky of my childhood before it darkens
into night, before the lightning bolts of judgment day
begin their barrage.

1967

GLOBO

Sobre mí vuela un gran globo de colores.
Lo sigo chapoteando por los charcos y piso
flores y hierbas, la cabeza en alto.
Sube cada vez más, y aún es tan grande
que atrás no alcanzo a ver el cielo azul.
Un arma, dadme al menos una honda,
que ya no aguanto tantas maldiciones
de flores y de hierbas, el fango de los charcos
me salpica y me come la piel como la lacra
quisiera ver de nuevo dónde piso y cuánto
quisiera ver el cielo
azul y hermoso de mi infancia, antes
de que todo se vuelva oscuro y me reprenda
el día del juicio con truenos y relámpagos.

BEHIND GOD'S BACK
(Isten háta mögött)

empty mangers empty stalls
christmas here no longer calls
no use waiting for
the wisemen at the door

the creator's got a lot to do
can't see to all those in the queue
far star is that sun
to shine on everyone

we know we must have faith in him
but the evenings are so dim
and the lack of loving care
leaves us feeling cold and bare

in foresight oh lord you don't lack
but take a look behind your back
we've been stuck here for a while
waiting for your blessing smile

1985

A ESPALDAS DE DIOS

vacíos establo y pesebre
un año más sin navidad
vana es la espera
los reyes magos no vendrán

está el creador tan ocupado
que a todos no puede atender
astro distante
que a todo no puede alumbrar

lo comprendemos sin remedio
pero las noches son heladas
y sin amor
hemos sentido tanto frío

puedes señor ver adelante
pero mira también atrás
aquí estamos atascados
anhelando la bendición de tu sonrisa

A REALITY POEM
(Konkrét költemény)

A red goose breastbone on Saint Martin's day
foretells a crazy winter, winds with rain to blow.
A white goose breastbone on Saint Martin's day
foretells a nourishing winter with plenty of snow.
A black goose breastbone on Saint Martin's day
foretells a snowless winter, freezing us with woe.

        (Entry for Nov 11 in an old almanac)

Practically shriveled to worms
two homeless spent the night
on the third floor of the tenement
under the attic stairs
on cardboard mattresses
just opposite our apartment door
I know the story of Saint Martin
of Tours and what he did
slashed his cloak in half
so as to share it with a naked beggar
that's what he did, this captain
from Savaria of Pannonia
who had been pressed into military service
by force at his father's request
and at the Caesar's command
he had been pressed into service by force
at first he did not share his orderly's
plain fare—as an officer's offspring
he was entitled to an officer's slave—but
then they became comrades and began
to have their meals at the same table
which was still unusual during our

UN POEMA DE REALIDAD

*Un esternón de barnacla cuelliroja el día de san Martín
augura un invierno de locos, vientos con lluvia que soplar.
Un esternón de ganso nival el día de san Martín
augura un nutritivo invierno con montones de nieve.
Un esternón de oca negra el día de san Martín
augura un invierno sin nieve, helándonos de pena.*

      (Entrada para el 11 de Nov. en un viejo almanaque)

Casi apergaminados como gusanos
pasaban la noche dos indigentes
en el tercer piso de la vivienda
bajo las escaleras del ático
sobre colchones de cartón
justo enfrente de la puerta de nuestro piso
conozco la historia de san Martín
de Tours y lo que hizo
rajó su capa en dos
por compartirla con un mendigo desnudo
eso es lo que hizo, este capitán
de Sabaria (Szombathely) en Panonia
que había sido empujado al servicio militar
por la fuerza a petición de su padre
y bajo el mandato del César
forzado al servicio
no compartía al principio la ración
del ordenanza—como hijo de oficial
que tenía derecho a un esclavo de oficial—
pero luego se hicieron camaradas y empezaron
a comer en la misma mesa
lo cual aún fue inusual durante nuestra

second world war even in
armies fighting for democracy
where the black descendants of slaves
were not allowed to lunch
with their white comrades
Martin soon gave up his army career
converted, performed miracles, lived
as a hermit, started a religious order
but the promotion to bishop was
also pressed upon him by force
he hid from the nominating committee
in a coop for geese but the geese
gave him away by their gobble-gobble
one of them even waddled after him
his modern-day namesake Bishop Martin of
Transylvania has a goose peeking from his crest
and the two Martins say together *non recuso*
non recuso laborem I do not shirk
do not shirk my duty and the two of them
now share a feast day in the calendar
the first having been posthumously transferred
into the army of saints he continues to serve
probably spending his nights in
an ash heap even up there as it was
his wont to do down here like
the two homeless
practically shriveled to worms
on the third floor of the tenement
under the attic stairs
on cardboard mattresses
opposite our apartment door

segunda guerra mundial incluso en
los ejércitos que luchaban por la democracia,
donde a los negros descendientes de esclavos
no se les permitía comer con sus camaradas blancos
Martín pronto abandonó la carrera militar
se convirtió, realizó milagros, vivió
como ermitaño, puso en marcha una orden religiosa
pero su promoción a obispo le fue
también impuesta a la fuerza
se ocultó del comité de nombramientos
en un corral de ocas pero los gansos
le traicionaron con su gluglú
uno incluso bamboleándose tras él
su actual tocayo el obispo Martín de
Transilvania tiene un ganso que asoma en el escudo
y los dos Martines dicen a la par *non recuso*
non recuso laborem no eludo no eludo mi deber y los dos
comparten ahora su festividad en el calendario
el primero habiendo sido póstumamente transferido
al ejército de los santos continúa el servicio
pasando probablemente las noches
sobre un montón de cenizas incluso allí arriba tal
solía hacer aquí abajo como
los dos indigentes
casi apergaminados como gusanos
en el tercer piso de la vivienda
bajo las escaleras del ático
sobre colchones de cartón
frente a la puerta de nuestro piso

and I too have a cloak
blankets and even comforters to spare
yet I did not cover the two miserable wretches
practically shriveled to worms
trying to get some sleep
that's all we needed
this old lunatic opening the house to the whole
world inviting a lice infestation
I would've heard no end of it
if I had done what I should have done
especially in light of my talks
to packed auditoriums where
I often boastingly quote and invoke
my dear old dad who had never
gotten past the fourth grade yet
managed to speak in parables
when explaining his saintly deeds:
      seeing the victims of
natural disasters, fires, flood or drought
I have learned that we live together
with people of all shapes and tongues
as in the forest wide-girded beeches live together
with hard oak and the ever-quaking birch and
virginal poplars stealing glances at pines tall in
perpetually green uniform and there's room
left at the edges of clearings for hazelnut
bushes guarding dew
their sibilance may differ and they may suffer
through storms in different ways
but woe to all if any one kind or species gets
cut down, torn up, used up, displaced from

y yo también tengo una capa
mantas e incluso colchas de sobra
pero no tapé a los dos tristes desgraciados
casi apergaminados como gusanos
tratando de dormir algo
es todo lo que necesitábamos
este viejo loco abriendo la casa a todo
el mundo invitando a una invasión de piojos
jamás habría dejado de oírlo
si yo hubiera hecho lo que debería haber hecho
especialmente a la luz de mis charlas
en auditorios abarrotados donde
a menudo cito y jactancioso invoco
a mi querido padre que nunca había
pasado de cuarto grado pero
lograba expresarse con parábolas
al explicar sus santas obras:
      ver a las víctimas de
los desastres naturales, de incendios, inundaciones o sequías
he aprendido que vivimos juntos
con gente de todo tipo y lengua
como en el bosque las hayas de ancha cintura viven junto
al roble duro y el abedul siempre trémulo y
los álamos virginales que roban miradas a los talludos pinos
en su uniforme de verde perpetuo y queda espacio
en el límite de los claros para el avellano
custodiando el rocío
pueden diferir sus sibilancias y pueden sufrir
las tormentas de diferentes maneras,
pero ay de todos si algún tipo o especie es
cortada, trizada, consumida, desplazada de

their community because the dirt under them all
the very soil composition too changes
I noticed already as a child that people
tend to treat the beggars of rank better than the plain poor
for instance the victims of flood or ice-storm
coming in capacious wagons drawn by sturdy draft horses
from villages with gothic cathedrals
were put up by the village magistrate or
the minister or in the guest houses
of well-to-do farmers where they had their
grain delivered to them by hundred-kilo sacks
they were honored by my big-hearted fellow villagers
with donations of seed for the next sowing season
while the barefoot survivors of floods and
the destitute refugees of dust bowls
were given a handful of this or that
bread and cheese and bacon whatever
happened to be on hand but shelter was
in short supply as my father used to explain
and he backed up his claim
        one Sunday I will never forget
it was toward evening that I saw him
hang up his Sunday-best jacket on a plum tree
and clutching a bale of hay from the
freshly threshed haystack he covered
the floor of the front room with a thick layer
and called to my mother for sheets and blankets
and a decent supper to serve
to the rag-tag gang he was ushering in
a big barefoot family whose
only home was the road

su comunidad porque la gleba debajo de todos ellos
la mismísima composición del suelo también cambia
ya de niño me percaté de que las personas
tienden a tratar a los mendigos de rango mejor que a los simples pobres
por ejemplo las víctimas de inundación o helada
en espaciosos carros traídas por los robustos caballos de tiro
de pueblos con catedrales góticas
eran alojadas por el juez del pueblo o
por el sacerdote o en las casas de huéspedes
de los campesinos acomodados donde les era
entregado grano por sacos de cien kilos
eran honrados por mis generosos compadres aldeanos
con donaciones de semillas para la próxima temporada de siembra
mientras a los supervivientes de las inundaciones descalzos
y a los refugiados de las sequías indigentes
se les daba un puñado de esto o de aquello
pan y queso y tocino cualquier cosa
que a mano estuviere que el hospedaje escaseaba
tal solía explicar mi padre
y confirmaba su afirmación
      nunca olvidaré un domingo
fue hacia la noche que le vi
colgar su mejor chaqueta de los domingos en un ciruelo
y agarrando una bala de heno del
pajar recién trillado cubrió
el suelo de la sala con una gruesa capa
y pidió a mi madre sábanas y mantas
y una cena decente que servir
a la cuadrilla de chusma que él estaba acomodando
una gran familia descalza cuyo
único hogar era la carretera

they said goodbye with profuse thanks
in the morning and left us with their lice
my mother blamed my father for the infestation
and he said as if quoting from the Bible
the lice can be cleaned up but the traveler
must be given shelter for the night
        the front door of the tenement should be locked
for the night and a buzzer installed
that should take care of the problem
but the ownership of the building is now
in dispute and we may soon be evicted
by the winner of the ongoing court battle
and in the meantime the tenants
will not waste money on improvements
and so we did not give shelter or cover
to the homeless even though there was no need
for me to slash my cloak in half
we have blankets and comforters to spare
        although if you can trust the almanac
we too may end up shivering like those two
up on the third floor of the tenement
under the attic stairs
on cardboard mattresses
across the hall from our apartment door
practically shriveled to worms
trying to get some sleep
on the holy eve preceding
the two thousandth birthday of
the first recorded homeless in history

Kolozsvár [Cluj] 2001

dijeron adiós por la mañana
con profusas gracias y dejándonos sus piojos
culpó mi madre a mi padre de la plaga
y este dijo como citando la Biblia
pueden quitarse los piojos pero al viajero
refugio debe dársele para pasar la noche
      la puerta principal de la vivienda debería cerrarse con llave
durante la noche y un timbre instalado
que se hiciera cargo del problema
pero el propietario del edificio está ahora
en litigio y es posible que pronto seamos desalojados
por el ganador de la batalla judicial en curso
y mientras tanto los inquilinos
no gastarán su dinero en mejoras
así que no dimos cobijo ni protección
a los desamparados aun si no fue necesario
que yo rajara mi capa por la mitad
tenemos mantas y colchas de sobra
      aunque si hay que confiar en el almanaque
puede que también nosotros acabemos temblando como esos dos
de arriba en el tercer piso de la vivienda
bajo las escaleras del ático
sobre colchones de cartón
en el corredor frente a la puerta de nuestro piso
casi apergaminados como gusanos
tratando de dormir algo
la sagrada víspera
del dos mil aniversario del
primer indigente registrado en la historia

Traducción por Ricardo Pérez-Salamero García

– 2 –

El día de los fieles difuntos en Viena

ALL SOULS' DAY IN VIENNA
(Halottak Napja Bécsben)

ALL SOULS' DAY IN VIENNA
(Halottak Napja Bécsben)

They will braid you too some day
in a wreath with pomp replete
but the world will feel as cold and
strange as this vienna street
you'll go off wheeling like a tram
leaving behind you curled-up tracks

with dandelion packs
stalking sidewalk cracks

but no footprints anyone would read

In the whitewashed gothic church of
the augustine order I got to pass
an evening with my back against a pillar
listening to mozart's requiem mass

An orphan even lacks a lone
departed loved one of his own
his tears and wine are vinegar
his candle grows long sooty fur
he's got his own self only and
an orphan flower in his hand
for the truest orphan lacks a lone
departed loved one of his own

EL DIA DE LOS FIELES DIFUNTOS EN VIENA

También un día trenzarán
tu guirnalda de pompa rellena
pero el mundo permanecerá tan frío y
ajeno como esta calle de viena
rodando te irás como un tranvía
que atrás dejara la vía retorcida

con fardos de diente de león
acechando las grietas en la acera

pero sin huellas que alguien leyera

En la iglesia blanquecina de
la orden de los agustinos llegué a pasar
la noche con mi espalda contra un pilar
escuchando la misa réquiem de mozart

Un huérfano ni siquiera tiene un solo
difunto amado propio
sus lágrimas y el vino son vinagre
deviene su cirio largo y tiznado pelaje
sólo a sí mismo se tiene
 flor huérfana en su mano
que el huérfano más auténtico no tiene ni un solo
difunto amado propio

The weather was fit for the end of the world
 in unceasing showers the graveyard sky hurled
a flood that engulfed every road in the place
the pallbearers could not see each other's face
waist-deep in water and losing their hold
the scene wasn't seen yet the tale is still told
about the crypts dancing like barques loosely bound
and tossing their dancing rumps up and around
all mouse-holes gurgled like throats with a cough

and that's how the coffin then could've sailed off

on the danube out to sea
to oceans faraway
on the danube out to sea
to oceans faraway

floats off a pine coffin
far out to ocean waves
floats off a pine coffin
with music for its sails

Get out of here you pudgy redhead jerk
kicked her heels the bratty chorus girl
and wolfgang amadeus mozart
from the humiliation even redder now
slunk out of the dressing room
the *gnädige frau* had tired of waiting
the coach was soon to return
the czech doorman was bowing to the cobble stones
as wolfgang amadeus mozart

El tiempo era el adecuado para el fin del mundo
en las lloviznas incesantes el cielo del cementerio arrojaba
un diluvio que sepultaba todas las carreteras del lugar
los portadores del féretro no podían verse las caras
con el agua hasta la cintura y perdiendo el agarre
nadie vio la escena pero aún se cuenta la historia
de los ataúdes bailando como barcas débilmente amarradas
lanzando sus grupas ondulantes arriba y alrededor
todas las ratoneras gorgoteando como gargantas constipadas

y así es como el ataúd pudo haber zarpado

por el danubio hasta el mar
hacia océanos lejanos
por el danubio hasta el mar
hacia océanos lejanos

va flotando un ataúd de pino
allá lejos a las olas del mar
va flotando un ataúd de pino
con música por velas

¡Fuera de aquí patán pelirrojo y regordete
esperaba impaciente la corista malcriada
y wolfgang amadeus mozart
enrojecía más de humillación
escabulléndose de los vestuarios
la *gnädige frau* se había cansado de esperar
el carruaje pronto había de volver
el portero checo se inclinaba sobre el empedrado
cuando wolfgang amadeus mozart

stumbled out to the street
just in time to catch a glimpse
of the naked stars as they started to bathe
in waves of music surging up there
and wolfgang amadeus mozart
dabbed his damp forehead and chin
and set out on foot for home

on the danube out to sea
far out to ocean waves
floats off a pine coffin
with music for its sails

Does god like to hear his praises sung
by men who've had their balls cut off
all neutral voices *neutrum*
neutrum neutru-u-um

It is said and even recorded in the *histoire de la
musique encyclopédie de la pléiade* but also
in kolozsvar at number ten vasile alecsandri street
my friend dr rudi schuller will happily translate
into hungarian german or romanian for those who
don't speak french the part about the grand
travelers *les grands voyageurs* who claimed
that the inhabitants of the most godforsaken
les plus lointaines civilizations who were totally
indifferent to the tom-toms of neighboring tribes
would prick up their ears only on hearing
mozart's symphonies

salió a la calle a trompicones
justo a tiempo de echar un vistazo
a las estrellas desnudas que empezaban a bañarse
en las ondas de música que allí surgían
y wolfgang amadeus mozart
se secó la frente húmeda y la barbilla
y partió andando hacia su casa

en el danubio hacia el mar
allá a lo lejos hacia las olas del mar
va un ataúd de pino a la deriva
con música por velas

¿Le gusta a dios oír sus alabanzas cantadas
por hombres a los que han hecho cortar las pelotas
neutrales voces todas *neutrum*
neutrum neutru-u-um

Se ha dicho e incluso registrado en la *histoire de la*
musique encyclopédie de la pléiade y también
en kolozsvár en el número diez de la calle vasile alecsandri
mi amigo el dr rudi schuller traducirá con agrado
al húngaro alemán o rumano para aquellos que
no hablen francés la parte de los grandes
viajeros *les grands voyageurs* que afirmaban
que los habitantes de las civilizaciones olvidadas de dios
les plus lointaines totalmente
indiferentes a los tam-tam de las tribus vecinas
aguzaban sus oídos sólo de oír
las sinfonías de mozart

Inside whitewashed churches
a prayer very white
my cryptic rhyme of old

inside blackened churches
a prayer very black
my cryptic rhyme of old

inside whitewashed churches
a prayer very black
my cryptic rhyme of old

inside blackened churches
a prayer very white
my cryptic rhyme of old
may that too be granted
by our great good lord

With gaggling geese
quacking ducks
lice-ridden chickens
scab-covered piglets
from a shared little yard
filthy little brats
conceived in boozy haze
in a mob are gaping
at the sky streaked by jets
faster than the speed of sound

Dentro de las iglesias blanquecinas
una oración muy blanca
mi rima críptica de antaño

dentro de las iglesias ennegrecidas
una oración muy negra
mi rima críptica de antaño

dentro de las iglesias blanquecinas
una oración muy negra
mi rima críptica de antaño

dentro de las iglesias ennegrecidas
una oración muy blanca
mi rima críptica de antaño
ojalá así nos lo conceda
nuestro grande y buen señor

Con graznantes gansos
parpantes patos
piojosos pollos
lechones costrosos
desde un pequeño patio compartido
sucios mocosos
concebidos en las brumas del alcohol
miran entre una turba boquiabiertos
el cielo rayado por aviones
más rápidos que la velocidad del sonido

stop the world
let it land
let us catch up with it now

In the whitewashed gothic church of
the augustine order I got to pass
an evening with my back against a pillar
listening to mozart's requiem mass

D*ies irae dies illa*
they will burn the last scintilla
of heaven in your earthly villa

dig   fire   cover it up
dig   fire   cover it up
dig   fire   cover it up

should that morning ever break
the sky will be a burning lake
on their feet the trees will bake

fires we have all admired
towns in flaming dances mired
but hell's chic is now rather tired

dig   fire   cover it up
dig   fire   cover it up
dig   fire   cover it up

parad el mundo
dejad que aterrice
alcancémosle ahora

En la iglesia blanquecina de
la orden de los agustinos llegué a pasar
la noche con mi espalda contra un pilar
escuchando la misa réquiem de mozart

D*ies irae dies illa*
van a quemar la última pizca
de cielo en tu villa terrenal

cava   fuego   encúbrelo
cava   fuego   encúbrelo
cava   fuego   encúbrelo

si esa mañana rompiera
será el cielo lago que ardiera
sobre sus pies los árboles hirvieran

fuegos por todos admirados
pueblos en llamas danzantes sumidos
pero el estilo del infierno ya está cansado

cava   fuego   encúbrelo
cava   fuego   encúbrelo
cava   fuego   encúbrelo

a judge's the only missing player
as sins inside sins new sins bear
the end alone says how we'll fare

but our atonement might betray
some ancient sins on judgment day
forcing us again to pay

dig   fire   cover it up
dig   fire   cover it up
dig   fire   cover it up

look how doubt makes us mope
for can we truly trust the hope
that none escapes the whipping rope

On june second nineteen forty-four
the carpet bombing of nagyvárad left a
mother's four fair children under the debris
two four six eight
years old they were when killed
tells the story my wife every year
when she tears that day's leaf off the calendar
this is her poem of peace

who fears hell for that—the one
who lost or the one who won?
sin is finish and square one

un juez es el único jugador que falta
pues los pecados dentro de los pecados nuevos pecados conllevan
sólo el fin nos dice cómo nos irá

pero nuestra expiación pudiera traicionar
algunos pecados antiguos el día del juicio
forzándonos a pagar de nuevo

cava   fuego   encúbrelo
cava   fuego   encúbrelo
cava   fuego   encúbrelo

mira cómo la duda nos desanima
pues ¿podemos realmente confiar en la esperanza
que del látigo nadie escapa?

El dos de junio de mil novecientos cuarenta y cuatro
el bombardeo masivo de nagyvárad dejó a
los cuatro hermosos hijos de una madre bajo los escombros
dos cuatro seis ocho
años de edad cuando fueron asesinados
cuenta mi esposa la historia todos los años
cuando desgarra la hoja de ese día en el calendario
 su poema de paz

¿quién teme al infierno por ello—el que
perdió o el que ganó?
el pecado está hecho, borrón y cuenta nueva

I'm now getting used to seeing that
the hand cannot stir easily to touch
forgetting its own merry shake
and the gaze had better not see much

the words at first appear so harmless
but then the sentence starts to scratch
hinting at a red alarm with
trouble enough for all of us to catch

brother come and let's embrace
just once more now let's shake hands
before I fall flat on my face
before you fall flat on your face

My good king my avatar
who was born in kolozsvár
I come to light my candle's flame
and bring my flower in your name

a spokesman in heaven and in hell
speak up for us so much to tell

My good king my sire
should high heaven's choir
allow you to be heard
please put in a word

Me voy acostumbrando a aceptar que
la mano no puede moverse fácilmente para tocar
olvidando su propio y alegre movimiento
y mejor que la mirada no vea mucho

las palabras en un primer momento parecen tan inofensivas
pero luego la frase empieza a escocer
insinuando alarma roja con
la suficiente perturbación para que a todos enrede

ven hermano y abracémonos
sólo una vez más démonos la mano ahora
antes de que yo caiga de bruces
antes de que tú caigas de bruces

Mi buen rey mi encarnación
nacido en kolozsvár
a encender vengo la llama de la vela
y a traer en tu nombre mi flor

un portavoz en el cielo y en el infierno
diga en alto por nosotros tanto que contar

Mi buen rey mi señor
si el coro de los cielos
permite que se te escuche
intercede por favor

for us to have this grand
protocol here banned
things are getting worse
surely for its curse

protect us with your cloak
in our fear we choke
on our tongues that we must
bite off in self-disgust

Küküllö becomes angara
maros mississippi
küküllö-angara
maros-mississippi

headed for home I am—but he
doesn't believe his own ditty
headed for home I am—but he
doesn't believe his own ditty

crumbling to dust like sifting snow
that's how we live like dusting snow
from our small villages to san francisco
from our mountain hamlets to montevideo

Lord whoever you are or are not
don't leave us here alone to rot
at your door on tiny wings
a timid prayer shyly zings
in a baby whine but not that dumb
praise be to your kingdom come

por nosotros para tener este gran
convenio aquí proscrito
empeoran las cosas
seguramente por su maldición

protéjenos con tu manto
en nuestro miedo nos atragantamos
con nuestras lenguas que indignados
morder debemos

Küküllö se convierte en angara
maros en mississippi
küküllö-angara
maros-mississippi

a casa me dirijo—pero él
no cree en su propia cancioncilla
a casa me dirijo—pero él
no cree en su propia cancioncilla

desmenuzándose en polvo como nieve tamizada
el modo en que vivimos como nieve espolvoreada
desde nuestros pequeños pueblos hasta san francisco
desde nuestros burgos de montaña hasta montevideo

Señor quienquiera que seas o no seas
no nos dejes aquí solos para pudrirnos
a tu puerta con alas diminutas
una oración tímida silba vergonzosa
en el gemido de un bebé pero no esa cantilena
alabado sea tu reino venidero

What's so wrong with our name
why be shocked so red with shame
who can say we have transgressed
more than those hailed as the best

maybe we should arm our lungs
with the ancient prophets' tongues
all we do is mutely nod
daring not dispute with god

beat it bartók beat the drum
your fleeing tails will soon succumb
to the worldwide firing match
burning hut and crackling thatch

I was thirty-eight years old when
kristina the almost naked fair
maid from steyrmark invited me for a glass
of whisky to the corner of singerstrasse
I'm poor my dear and a foreigner
macht nichts she said it's all souls' day
we finished off two shots each
and susanna the pretty german girl
lives in vienna on tiefengrab street
was *für ein gedicht*
vier jahrhunderte alt
in her cheeks red roses bloom
the poet says her coral lips can doom
a knight inhaling her perfume

Qué hay tan malo en nuestro nombre
por qué escandalizarse hasta enrojecer de vergüenza
quién puede decir que hemos transgredido
más que los aclamados como los mejores

quizá debiéramos armar nuestros pulmones
con las lenguas de los profetas antiguos
todo lo que hacemos es en silencio asentir
sin atrevernos con dios a discutir

golpea bartók golpea el tambor
pronto tus faldones huidizos sucumbirán
a la mundial cerilla de encendido
que abrasa la choza de restallante paja

Yo tenía treinta y ocho años cuando
kristina la semidesnuda y atractiva
muchacha de estiria me invitó a una copa
de whisky en la esquina de singerstrasse
soy pobre querida y extranjero
macht nichts dijo ella es el día de los fieles difuntos
dos chupitos nos hicimos cada uno
y susana la bonita alemana
vive en viena en la calle tiefengrab
era *für ein gedicht*
vier jahrhunderte alt
florecen rosas rojas en sus mejillas
dice el poeta que sus labios coralinos pueden condenar
a un caballero cuando inhale su perfume

to seek her in every lodging room
but it's in vain though that they seek her
yes I would be your susanna free of charge
but it's time of mourning all souls' day
there's no need to go into more details
she gave me a kiss a real smacker
saying it was enough to leave two schillings
on the cloak room counter.

In the whitewashed gothic church of
the augustine order I got to pass
an evening with my back against a pillar
listening to mozart's requiem mass

Indeed our farm was no big deal
not even god could make us kneel
by hook or crook we managed fine
complaining was not our line
we said our prayers every day
to keep the grim reaper away

Remember me too the old man said
the shirt on my back is a soggy mess
like on the fugitive lajos kossuth
when he applied to the turks for political asylum
the shirt on my back is a soggy mess
I ad-libbed such a fine speech
with my bad foot firmly planted in the door
so that he could not slam it in my face

a buscarla en cada habitación de hostal
pero es en vano, aunque la busquen
sí me gustaría ser tu susana gratuita
pero ahora hay que lamentar el día de los fieles difuntos
no hay necesidad de entrar en más detalles
ella me dio un verdadero besote
diciendo que era suficiente con dejar dos chelines
en el mostrador del guardarropa.

En la iglesia blanquecina
de la orden de los agustinos llegué a pasar
la noche con mi espalda contra un pilar
escuchando la misa réquiem de mozart

De hecho nuestra granja no era gran cosa
ni siquiera dios podía hacer que nos arrodilláramos
por las buenas o por las malas nos arreglábamos bien
no era lo nuestro quejarnos
decíamos nuestras oraciones cada día
para mantener alejada a la nefasta parca

Recuérdame también dijo este viejo
la camisa en mi espalda es un revoltijo empapado
como la del fugitivo lajos kossuth
cuando pidió a los turcos el asilo político
la camisa en mi espalda es un revoltijo empapado
un discurso improvisé tan bueno
con mi defectuoso pie firmemente plantado en la puerta
para que él no pudiera darme portazo

for then the long vigil would have been for nothing
the morning star
had still been up in the sky
when I'd parked myself in his doorway
lest I miss him again today
the shirt on my back is a soggy mess
like on poor old lajos kossuth
one hand on the door latch and the other
clutching my cane as tightly as the swallowed
words gripped my throat
I had to be diplomatic
otherwise I was not to achieve my objective
and my small stack of hay might rot
like it did last year that wretched
little hay I scythed by the roadsides of the collective
farm for my share of one-third the same
portion the sexton used to get from the village
in the old days along with a stein of wheat
from every household for the job of
tolling of the bells in case of emergency
the shirt on my back is a soggy mess
while I ask the manager please
let me have a horse and wagon
the harvest is on
all the hands are out in the field
only the harnessed horse stands still
and gets fed for no work in return
it's for the good of the collective that the small
stack of wretched hay should be brought under a roof

porque entonces la larga vigilia no habría servido de nada
la estrella de la mañana
aún estaba arriba en el cielo
cuando me hube apostado en su portal
no sea le pierda de nuevo hoy
la camisa en mi espalda es un revoltijo empapado
como en la del pobre lajos kossuth
una mano en el pestillo de la puerta y la otra
agarrando mi bastón tan fuerte como las palabras
engullidas que atenazaban mi garganta
tuve que ser diplomático
de lo contrario no conseguiría mi objetivo
y mi pequeño montón de heno podría pudrirse
como lo hizo el año pasado ese miserable
heno que segué por los bordes de las carreteras de la cooperativa
agrícola mi parte un tercio la misma
porción que el sacristán solía tomar del pueblo
en los viejos tiempos junto con un tonel de trigo
de todos los hogares por el trabajo de
tañer las campanas en caso de emergencia
la camisa en mi espalda es un revoltijo empapado
mientras pido al gerente por favor
déjeme tener caballo y carreta
la cosecha está en marcha
todas las manos están en los campos
sólo el caballo de tiro está parado
y se harta de comida sin trabajo a cambio
es por el bien de la cooperativa que la pequeña
pila del miserable heno debiera ser llevada bajo techo

only one-third is mine
one-third
hey-you-hey not so fast my good man
we'll see about that by noon or so
he swished the words towards me
by noon or so
how well the cane would have swished in reply
but then there goes the objective and the small stack
of wretched hay hey-you-hey the shirt on my back
was ready to be wrung
like the one on the poor fugitive lajos kossuth
let it burn down where it is
or rot there till judgment day

this aged man my dear old father
now well over seventy and
mortally humiliated
is carried around by a cane
instead of feet

Please remember him thus
it was for him you came among us
don't forget him our jesus

let him come to a good end

but ask him first before you intend
to have the angels blow the horn

sólo un tercio es mía
un tercio
bueno bueno no tan rápido mi buen hombre
ya veremos eso al mediodía o algo así
restallando las palabras sobre mí
al mediodía o algo así
qué bien habría restallado el bastón en respuesta
pero entonces ahí iba el objetivo y la pequeña pila
del miserable heno bueno bueno la camisa en mi espalda
estaba ya para exprimir
como la del pobre fugitivo lajos kossuth
dejad que se queme
o se pudra allí hasta el día del juicio

este hombre mayor mi querido y anciano padre
con más de setenta ahora y
mortalmente humillado
es llevado a todas partes por un bastón
en vez de pies

Por favor recordadle así
fue por él que viniste entre nosotros
no le olvides nuestro jesús

permítele tener un buen final

pero pregúntale primero antes de que hagas
que los ángeles toquen a trompeta

Blaring brassy flower horns
grow big drops of diamond dew
slapping cherubs on the fanny
the conductor gives the cue

The mass and myth just keep on purling
the soprano leaps from trill to trill
the balm she sprinkles on my soul is
an otherworldly eden pill

The corn meal's halo steams
the hungry children's dreams

whispers the milk
gurgles the milk
splashes the milk
the velvety
and the sweet

that's all we need
something to eat
that's all we need
to make the blissful
evening complete

The mass and myth just keep on churning
the distant chatter of crock pots
and clay pitchers can be heard
while dreaming of kindly cows
the milk slowly
ripens to curd

Atronantes trompetas de flores doradas
hacen crecer gotas grandes de rocío diamantino
dándoles nalgaditas a los querubines
da la señal el director

Misa y mito sencillamente siguen revoloteando
salta la soprano de un trino a otro
el bálsamo con que rocía mi alma es
edénica píldora de otro mundo

El halo de la harina de maíz cuece
los sueños de los niños hambrientos

susurra la leche
gorjea la leche
salpica la leche
lo aterciopelado
y lo dulce

eso es todo lo que necesitamos
algo que comer
eso es todo lo que necesitamos
para que la dichosa
noche sea completa

Misa y mito sencillamente siguen arremolinándose
la charla distante de las ollas de lenta cocción
y las jarras de arcilla puede oírse
mientras sueñan con vacas bondadosas
lentamente la leche
hasta cuajar madura

Tu eşti văpaie fără grai
de dincolo de matca mumii
past the blessed mother's womb
you're the wordless flame who whips
a blinding blaze up with the angel
wings of an apocalypse

let me have the strength to stay here
and feel my endless blessings fizz
where the nights are painted black
by murderous futilities

but neither an eye nor any scope
can see the nest where a firefly
helps me safely to elope
the moment when I am to die

They will braid you too some day
in a wreath with pomp replete
but the world will feel as cold
and strange as this vienna street
wie die glocken ihren schall verloren
you will so soon forget your joy

Willy-nilly we must stop
here the sky has turned to tar
something up there casts a dark
shadow on our guiding star

Tu eşti văpaie fără grai
de dincolo de matca mumii
más allá del bendito vientre materno
eres la llama silenciosa que atiza
una lumbre cegadora con las alas
de un ángel apocalíptico

dame la fuerza para permanecer aquí
y sentir la efervescencia de mis bendiciones infinitas
donde las noches de negro se pintan
por asesinas futilidades

pero ni ojo ni telescopio alguno
pueden ver el nido donde una luciérnaga
me ayuda sin riesgo a fugarme
en el momento en que vaya a morir

También un día trenzarán
tu guirnalda de pompa rellena
pero el mundo permanecerá tan frío y
ajeno como esta calle de viena
wie die glocken ihren schall verloren
pronto olvidarás tu dicha

Queramos o no debemos parar
el cielo aquí se ha convertido en alquitrán
algo allá arriba arroja oscura
sombra sobre nuestra estrella guía

even though there's not one cloud
to the skyless sky now sewn
the moon when it rises will be starless
as it plows the darkness all alone

cliffs and towers will be falling
voiceless in each other's arms
smooth and happy will become
all the wrinkles of the farms

whoever started all this mess
will see it through its final phase
under our careless feet we
feel the ocean's rounded face

Like the bell its ringing
I fast forget my joy

drop off more wine ye angels on my doorstep
I'm all set to part with this world now
and ascend to join those already free

After all this nothing else can follow
save a levitation as beggarly
as that of a hydrogen atom
but even then I may be pestered by the fear
that they could decide to confiscate

aún si no hay una sola nube
hacia el cielo sin cielo cosido ahora
la luna al alzarse estará sin estrellas
pues se abre camino sola en la oscuridad

acantilados y torres caerán
sin voz en los brazos del otro
lisas y alegres devendrán
todas las arrugas de las granjas

quienquiera que empezara este caos
lo verá en su fase final
bajo nuestros pies descuidados sentimos
la redondeada faz del océano

Como la campana su tañido
igual olvido yo raudo mi alegría

escanciad más vino vosotros ángeles en mi umbral
listo estoy ya para partir del mundo
y ascender a unirme con los ya libres

Después de todo esto nada más puede venir
sino una levitación tan miserable
como la de un átomo de hidrógeno
e incluso entonces puedo ser fastidiado por el miedo
de que pudieran decidir confiscarnos

the one electron left to us
> which today

still grants us hope projected

into the next few billion years

and faith in even resurrection

or whatever other myths one hears

Kolozsvár 1976

[Notes: The funeral in the rainstorm describes one version of how Mozart's body was buried and lost in a pauper's grave.

The "good king" referred to in the text is Matthias Corvinus of the Hunyadi family who ruled over the last flowering of Hungary between 1458 and 1490 before the Turkish invasion.

Kolozsvár is the largest city in Transylvania.

Küküllő and Maros are rivers in Transylvania, Angara in Siberia, Mississippi in North America.

The fugitive Lajos Kossuth was the prime minister of the short-lived Hungarian Republic during an unsuccessful revolution against the Habsburg rule in 1848–1849.

The "poet" of Susanna's charms is Bálint Balassa (1554–1594), a Hungarian poet and soldiering knight; his three lines are quoted with poetic license.

The two lines in Romanian starting with "Tu eşti..." are from a poem ("Logos") by Ioan Alexandru, and are rendered in English from the author's Hungarian translation here in the lines that follow them.

Verbatim quotes from Hungarian folk songs also form some of the lines. The quotes from Transylvanian Saxon folk songs are given in literary German version.

"Dies irae..." Latin for "day of wrath."

The section in free verse starting with the line "Remember me too this old man" is in the voice of the author's father.]

el único electrón que nos queda
                        el que hoy
aún nos da esperanza proyectada
a los próximos mil millones de años
y hasta fe en la resurrección
o en cualquier otro de los mitos que oímos

Traducción por Ricardo Pérez-Salamero García

[Notas: El entierro en la tormenta describe una versión de cómo el cuerpo de Mozart fue enterrado y olvidado en una tumba entre indigentes.

El "buen rey" al que se refiere el texto es Matías Corvino de la familia Hunyadi que gobernó durante el último esplendor de Hungría entre 1458 y 1490 antes de la invasión turca.

Cluj-Napoca es la ciudad más grande de Transilvania.

Küküllő y Maros son ríos de Transilvania, Angara de Siberia, Mississippi de Norte America.

El fugitivo Luis Kossuth fue primer ministro de la efímera República de Hungría durante la revolución fracasada contra el imperio de los Habsburgo en 1848–1849.

El "poeta" de los encantos de Susanna es Valentín Balassi (1554–1594), poeta húngaro y soldado aristócrata; se citan sus tres líneas con licencia poética.

Las dos líneas en rumano que empiezan con "Tu eşti..." son de un poema ("Logos") de Ioan Alexandru y son reproducidas en inglés a partir de la traducción del húngaro del autor en las líneas que le siguen.

Las Citas textuales de canciones populares húngaras componen también algunas de las líneas. Las citas de canciones folclóricas del sajón transilvano se dan en versión del alemán literario.

"Dies irae..." del latín, "día de ira."

La sección en verso libre a partir de la línea "también me acuerdo de este anciano" representa la voz del padre del autor.]

– 3 –

Bajo la Cruz del Sur

UNDER THE SOUTHERN CROSS
(Dél keresztje alatt)

UNDER THE SOUTHERN CROSS

To my South-American compatriots with love

INVOCATION
(Invokáció)

Holy mother, our country's only hope,
turn your gaze to the southern hemisphere
a tiny fraction of your nation,
condemned to orphan status here,
are beseeching you as hard as they can
like the Hebrews in the desert flung
begging you to lead and save them;
help these folks exiled from their tongue
and lead this wandering bard by the hand.

BAJO LA CRUZ DEL SUR

Para mis compatriotas sudamericanos, con amor

INVOCACION

Santa Madre, de nuestro país la única esperanza
presta tu mirada hacia este hemisferio sur
aquí está condenada a la orfandad
un pequeño fragmento de tu nación,
estoy implorándote muy fuerte
que como a los hebreos arrojados al desierto
los guíes y los salves, te suplico
ayuda a esta gente exiliada de su lengua
y encamina a este bardo errante de la mano.

BETWEEN FOREIGN RIVERS
(Folyók között—Entre Ríos)

1.
In this foreign land only the wind,
the sunset wind, feels familiar to me
the way it lets itself fly by the road
and then lies flat on the watery
canal banks, but the way the sedge
or some other sedge-like plants
keep whistling in tune with the wind is
unlike what a meadow back home chants.
I cannot name here one tree or flower;
stars whose names I cannot invoke
stare down at me in this evening hour.
I'm standing here in the baroque
southern night like someone who lives
without having his own dead relatives.

2.
I wonder if you'll judge me my god,
but despite doubts my hope never dies
that one day I'll stand before someone
examining me not with earthly eyes,
no cop or customs official will say
persona non or *grata* at the end,
because there are things I cannot share
even with a brother or a friend;
with heaven clearly open to my view
in this strange land where I travel now
I'd like to hear it directly from you
how my life stacks up so far and how
it will in the future because I greatly fear
you'll forget I ever existed once I disappear.

ENTRE RIOS EXTRANJEROS
(Entre Ríos)

1.
En esta tierra extraña sólo el viento,
el viento de la puesta de sol es familiar para mí
la forma en que se deja volar por la carretera
y luego se queda plano sobre las acuosas
orillas de los canales; sin embargo, los juncos
u otra planta como juncos
que silban en sintonía con el viento
no son como el canto de los prados en mi tierra
aquí no puedo nombrar un árbol o una flor
y las estrellas cuyos nombres no puedo invocar
se me quedan viendo en esta hora al atardecer
Aquí estoy en barroca
noche del sur, como alguien que vive
sin la cercanía de sus parientes muertos.

2.
Me pregunto si me juzgas, mi dios
pero a pesar de las dudas mi esperanza no muere
un día voy a estar frente a quien
no habrá de examinarme con ojos terrenales
ningún policía o agente de inmigración dirá
persona non grata o *persona grata* al final
porque hay cosas que no puedo compartir
incluso con un hermano o un amigo
con el cielo claramente abierto a mi vista
en esta tierra extraña donde viajo ahora
me gustaría saber directamente de ti
cómo encuentras mi vida hasta ahora y cómo
estará en el futuro, porque mucho me temo
que me olvidarás una vez que desaparezca.

3.
Someone who's been through hell on earth,
how can I believe in the world beyond?
I'm whining from horrible tortures,
and yet the worst of it is bound
to come later, tortures meted out to me
not after death but well before,
from the ruthless fists of goaded Cains
my face feels already mighty sore.
You lamb of god, it was a waste for you
to take upon yourself the sins of the world,
a waste indeed, if love cannot imbue
its roses and they wilt before they bloom;
wasted is my sacrifice if you
pick me out for damnation's doom,

4.
and not only me but my language, too,
that for a thousand years in one accord
sang your praises. But if it transgressed,
consider still its virtues, too, my lord;
let it not be separated out with chaff
from those chosen for deliverance.
Let us hope this amputated body part
will not end up in the garbage cans.
Having studied history I understand
how things can wither in a few centuries;
mark me, if you must, with damnation's brand
rather than that of submission's hurts
like the Native Americans here,
now deprived of their native words.

3.
Como alguien que pasó por el infierno en la tierra
¿cómo puedo creer en el más allá?
Estoy gimiendo a causa de horribles torturas
y sin embargo, lo peor de todo es inevitable
vendrán más tarde las torturas infligidas
no después de la muerte sino mucho antes,
de los puños implacables de incitados Caínes
mi cara ya se siente muy adolorida.
Cordero de Dios, qué desperdicio de tiempo
echarte sobre ti mismo los pecados del mundo,
un error en efecto, si el amor no puede impregnar
sus rosas, que se marchitan antes de florecer,
mi sacrificio será en vano
si me has elegido para condenarme a muerte,

4.
y no sólo a mí, al idioma también
que durante miles de años en un acorde
cantó tus alabanzas. Pero si transgresor
mi Señor, considera también sus virtudes
que no lo separen con la paja
de aquellos elegidos para su liberación.
Esperemos que esta parte del cuerpo amputada
no vaya a terminar en los botes de basura.
Después de haber estudiado la historia entiendo
cómo las cosas se marchitan en un par de siglos;
márcame, si es necesario, con el signo de los condenados
en lugar del dolor de la sumisión
como los nativos americanos de aquí,
ahora privados de sus propias palabras.

5.
A curtain of white butterflies
surrounds the campfire;
a nearby waterfall is in a roar
like a battle in heaven's choir.
Serenity that calms the faces
of old men about to depart
smoothes the surface of the pond
and touches my brow with a start.
We should begin from the beginning,
but remembering the past
without forgetting anything,
and live a life that never ends
in the Edenic company of
innocent elements.

6.
CHRISTMAS AT HOME 1985
(1985 Karácsony)

A curtain of white butterflies
stokes the font of frisky flames.
It's snowing as it had to come,
the with-you or without-you games.
An outsider like the moon,
that's what I have always been,
but I don't care about the past
or how the future will be seen;
dirty words surpass my strength
and prayers in me do not hide.
I'm lying on clean linen like
I used to by my mother's side;
    something rips or so it seems,
      its bloom is silence hailing dreams.

5.
Una cortina de mariposas blancas
rodea a la hoguera;
una cascada cercana es un rugido
como una batalla en coro celestial.
La serenidad que calma los rostros
de ancianos a punto de partir
suaviza la superficie de la laguna
y toca mi frente con un sobresalto.
Debemos empezar desde el principio,
pero recordando el pasado
sin olvidar nada
y vivir una vida que nunca termine
en edénica compañía
de inocentes elementos.

6.

NAVIDAD EN CASA
(1985 Karacsony)

Una cortina de mariposas blancas
alimenta la fuente de las llamas juguetonas.
Está nevando, como debe ser,
los juegos sin ti, o contigo.
Un extraño como la luna
eso es lo que siempre he sido
pero no me importa el pasado
o cómo el futuro habrá de verse
palabras sucias superan mi fuerza
y las oraciones en mí no se esconden.
Estoy acostado en sábanas limpias
como solía al lado de mi madre
    algo se rompe o lo parece
        florece el silencio, celebra sueños.

BOGOTA BAGATELLES
(Bogotai bagatellek)

1.
We'd barely walked half a block when
we were stopped by two morose gentlemen.
What language is that? They thundered at us.
I told them Hungarian.

Thereupon a great ruckus erupted.
It was no use for me to search for words.
If we didn't speak Spanish,
what were we doing in Bogota?

Handguns bulged their back pockets,
tin badges stared us in the face.
It was no use for me to stutter
in any other well-known tongue.

They demanded our papers, jumping
up and down like beans on a drum,
and then the two conquistador-blooded
Spaniards grabbed us by the arms.

I slapped their hands;
if they needed two prisoners so bad,
they should put shackles on our wrists
and not our tongues—I stuck mine out

BAGATELAS DE BOGOTA

1.
Apenas habíamos caminado media cuadra cuando
nos encontramos con dos señores de mal humor.
¿Qué idioma es ese? Nos tronaron.
Yo les dije, húngaro.

A continuación, un gran escándalo estalló.
Mi búsqueda por palabras no era de ninguna utilidad.
No hablamos español, ¿cómo es que
estábamos sueltos en Bogotá?

Pistolas abultaban los bolsillos de atrás,
insignias de estaño tenían intención de hacernos cejar.
No sirvió de nada que yo tartamudeara
en latín, en alemán o en francés.

Ellos querían nuestros papeles, saltaban
para arriba y para abajo como frijoles en un tambor,
los españoles conquistadores de sangre
nos agarraron de los brazos para llevarnos

con ellos. Les di una palmada en sus manos;
si su cárcel no se podía quedar sin
nosotros dos, debían encadenar nuestras muñecas
y no la lengua—yo saqué la mía

and cursed them out like a hussar.
That made them leave us in peace,
but all evening I was haunted by
the shadows of the two horrid cops.

The local Inca grape vendor
who had witnessed the scene
added a nice, extra bunch
to the pound we'd already bought.

2.
The city's central dome,
a baroque cathedral,
encrusted with precious stones,
with a crèche inside,
a manger of pure gold,
the money changers
no longer fear the flail
the gentle-voiced Jesus wields
to teach them piety;
rise up little baby Jesus
from the golden straw,
switch off the electric
eternal flame in there,
come outside to kneel
under the cathedral eaves
right next to the poncho-shrouded
shivering
old Inca woman
and warm up by her thin campfire.

y maldije a los polis como un húsar.
Eso hizo que nos dejaran en paz,
pero toda la noche estuve obsesionado
por las sombras de los policías matones.

El nativo inca, vendedor ambulante
que había sido testigo de cómo habíamos luchado,
añadió un montón de uvas extra
a la libra que ya habíamos comprado.

2.
la cúpula central de la ciudad
una catedral de estilo barroco
con incrustaciones de piedras preciosas,
un belén en el interior,
un pesebre de oro puro
y los cambistas
que ya no temen el látigo
de la suave voz de Jesús
para enseñarles piedad
levántate, niño Jesús
del pesebre dorado
desconecta la electricidad
de la llama eterna
sal para arrodillarte
bajo el alero de la catedral
justo al lado del poncho, que envuelve
temblando de frío
a la vieja mujer inca
y caliéntate con su tenue fogata

WREATH
(Koszoru)

In memoriam, Simón Bolívar and San Martín

Someone has picked me out
with a purpose in mind

wanted me to shed my sweat
and my blood when so assigned

my destiny is a secret to me
my purpose is just a guess

I came unsuspecting like Simon
of Cyrene I came directionless

they placed it on my shoulders
and I bear it, no point asking me why

so I carry it for a station or two
for the sake of the tortured Christ

envy makes some laugh with a gun in my back
but there are many others who fear for me

I detest all laurel wreaths given
by the state in a ceremony

I spit out the lukewarm and
the indifferent if it touches my tongue

if they loathe me let them mock me
nothing chafes me no matter how wrong

oh you freedom that songs celebrate
but our hopes tend to deny

wipe the blood off my lips
with your cotton swab when I die

GUIRNALDA

In Memoriam Simón Bolívar y San Martín

Alguien me ha elegido
con un propósito en mente

quería que yo derramara el sudor
y mi sangre, cuando lo asignado

a mi destino es un secreto para mí,
mi propósito es sólo una conjetura

Llegué confiado como Simón
de Cirene, vine sin rumbo

la han puesto sobre mis hombros
y la cargo, qué caso preguntar por qué

entonces la cargo durante una estación o dos
para alivio del torturado Cristo

algunos se ríen con envidia, pistola contra mi espalda
mientras otros temen por mí

detesto guirnaldas de laurel por parte del Estado
y cualquier ceremonia oficial

escupo lo tibio
y lo indiferente, si toca mi lengua

si me odian los dejo que me hagan burla
nada me molesta, no importa cuán equivocados

oh libertad que las canciones celebran
pero nuestras esperanzas tienden a negar

limpia la sangre de mis labios
con tu palillo de algodón cuando yo muera

THE CHRIST OF CORCOVADO (RIO)
(A Corcovado Krisztusa)

To István Taubinger with thanks

you're not free my lord to move
and step off your chapel-pedestal
tiny birds and huge airliners feel at home
circling in your arms' benediction
without you the birds would lose direction and
the planes would hesitate about landing or taking off
you're duty-bound to stand there at your lit-up
sun-baked or cloud-covered post
no matter how much you'd like to
take a seat in the overflowing
soccer stadium
and mingle with the exultant fans
                    but once
—it's told by the miracle-prone people of Rio—
only once in the course of a crucial match
the ball slid off the foot
of the star player about to score
he looked for you in vain in your place
because you were standing behind
the losing team's goal line

EL CRISTO DEL CORCOVADO (RIO)

Para István Taubinger con agradecimiento

tú no eres libre para moverte mi Señor
y bajar de tu pedestal de la capilla-
pequeñas aves y aviones grandes se sientan como en casa
dando vueltas en la bendición de tus brazos
sin ti los pájaros perderían su dirección y
los aviones dudarían su aterrizaje o su despegue
estás obligado a permanecer allí en tu iluminado
puesto quemado por el sol o cubierto por una nube-
no importa lo mucho que te gustaría
tomar asiento en el desbordado
estadio de fútbol
y mezclarte con los aficionados entusiasmados
                pero una vez
-como cuenta la gente de Río, propensa a los milagros-
sólo una vez en el transcurso de un partido crucial
la pelota cayó sobre el pie
del jugador estrella a punto de anotar
te buscó en vano en tu lugar
porque estabas de pie detrás
de la línea de gol del equipo que perdió

THE VIEW LEAVING RIO
(Látkép)

To Murilo Mendes on the other side

lots of things come into view
at ten-twelve thousand meters above ground
the blue and green of continent-size rainforests
overgrown by the brown lianas of rivers
that slip under the plane or seem to stand still
as seen from ten-twelve thousand
meters above ground
and even more things come into
the view of an eye firmly shut
like the cemetery that can hardly breathe
in this hot and stuffy afternoon
and the parched wreathes
providing scant relief
to the sickly-pale but unstoppable blades of grass
and one can also view a tiny little ant
trying over and over again to climb
to the top of the blade that breaks under it
letting the brave
little
critter
fall back on the gave
where father rosario's spinster niece is waiting
now for the resurrection of the dead

LA VISTA PARTIENDO DE RIO

Para Murilo Mendes en el otro lado

un montón de cosas vienen a la vista
a los diez o doce mil metros sobre el suelo
el azul y el verde de selvas tropicales de tamaño continental
exagerado por lianas marrones de ríos
que se deslizan por debajo del avión o parecen haberse detenido
como se ve desde diez o doce mil
metros sobre el suelo
e incluso más cosas entran
en la vista de un ojo bien cerrado
como el cementerio que apenas puede respirar
en esta tarde de calor sofocante
y las secas guirnaldas
prestan escaso alivio
a los enfermizos-pálidos, pero imparables tallos de hierba
y también se puede ver una pequeña hormiguita
intentando una y otra vez subir
a la parte superior de la hoja, que se rompe bajo ella
dejando a la valiente
bichita
caerse en lo dado
donde la sobrina soltera del padre rosario está esperando
ahora la resurrección de los muertos

BRIEF ENCOUNTER WITH CARTAGENA
(Románc)

>*Composed by a Hungarian traveling singer
on a broken string of Federico García Lorca*

Plowing water with one wing

the airplane started flying low

till among lagoons it came

upon a landing strip aglow;

the sky was brightly bubbling blue,

the ground became a green concave

when the plane bumped down to land

letting its engines roar and rave,

the tiny little huts on stilts

tucked their scanty shadows in,

rattling like flea-market toys,

wind-up frogs made out of tin,

earth in sky and blue in green,

each lived in the other's face

with a drunken-love embrace,

and the sign said: Cartagena.

A noon like that I'd never seen,

fired by a flaming sun,

in it bushes, bays, and huts

mingled in erotic fun;

ROMANCE CON CARTAGENA

Composición de un trovador húngaro
sobre una cuerda rota de Federico García Lorca

Arando agua con una sola ala

el avión empezó a volar bajo

hasta que llegó entre lagunas

a radiante pista de aterrizaje;

el cielo azul intensamente burbujeante,

la tierra se convirtió en una concavidad verde

cuando el avión golpeó la tierra

dejando sus motores rugiendo y resoplando,

las chozas diminutas sobre pilotes

escondieron sus sombras escasas,

haciendo barullo como juguetes de un mercado de pulgas,

ranas de cuerda hechas de hojalata,

la tierra en el cielo, el azul en el verde,

cada uno vive en el rostro del otro

con un abrazo ebrio de amor,

el letrero decía: Cartagena.

Un mediodía como nunca visto,

disparado por un sol resplandeciente,

en que los arbustos, bahías y chozas

se mezclaron en diversión erótica;

the plane stopped there a half an hour,

the time it takes to birth a child

or inter an unknown dead

found abandoned in the wild,

but in that time you seduced me

and since then kept me in your thrall,

I dream of life in one of your huts,

forgotten by and forgetting all;

atop the stairs rolled up to

the stranded plane I plainly saw

that your earth and sky, green and blue,

were mine to drink, oh, Cartagena.

Taking off I felt quite sure

the vibration of each hut

had a loving couple in it,

belly to belly, butt to butt.

Oh, why did we have to part,

why didn't you tighten your embrace?

Now every season is a winter

and snow surrounds me every place.

I'd give my soul, my salvation,

for just one of your sultry nights,

I'd gladly exchange eternity

for one moment of your delights!

el avión se detuvo allí una media hora,

el tiempo que tarda en nacer un niño

o enterrar un desconocido muerto

hallado abandonado en la naturaleza,

en ese momento me sedujiste

y desde entonces me mantienes tu esclavo.

Yo sueño con la vida en una de tus cabañas,

olvidada por todos y olvidándolo todo;

en la cima de la escalera enrollada

el avión varado, con toda claridad vi

que tu tierra y tu cielo, verde y azul,

eran míos para beber, oh, Cartagena.

Al despegar me sentí muy seguro

en la vibración de cada cabaña

había una pareja de enamorados,

vientre contra vientre, trasero contra trasero.

Oh, ¿por qué tenemos que partir,

¿por qué no aprietas tu abrazo?

Ahora, cada temporada es invierno

y la nieve me rodea en cada lugar.

¡Gustoso daría la salvación de mi alma

por una sola noche en tus placeres!

¡Con mucho gusto intercambio la eternidad

por un momento de tus delicias!

This love has made a fool of me,
a loving fool who sobbingly writes
about his fear he'll never see
his love again, oh, Cartagena.

But one gulp of your light and color
will be plentiful enough
in the icy Carpathians
to gild my remaining years with love;
what we have is but a pale
imitation of your sun,
it rises and sets reminding me
of the brightness now long gone.
Oh, your blue and green, you Siren
of the Caribbean Sea,
your blinding light has forever
etched your magic name in me;
to gringos you're a travel poster
but to me a love come true,
I often catch myself calling you,
Cartagena, Cartagena.

Este amor se ha burlado de mí,

un tonto enamorado que escribe sollozando

el temor de no volver a ver

su amor otra vez, oh, Cartagena.

Sin embargo, un trago de tu luz y color

será suficiente y abundante

en los Cárpatos de hielo

para adornar los años que me quedan con amor;

lo que tenemos aquí no es sino pálida

imitación de tu sol,

sale y se pone recordándome

la brillantez que se fue.

Oh, tu azul y verde, Sirena

del Mar Caribe,

tu luz cegadora para siempre

grabó el nombre de tu magia en mí;

para los gringos eres un cartel de viajes

para mí, un amor hecho realidad,

No puedo dejar de llamarte,

Cartagena, Cartagena.

IF
(Ha)

      Man's-Eye View of Rio's Corcovado Christ

if we squander this canaan too
if we again fail to build that
much-touted new jerusalem
if we cut down the last forests
and drunk on our power
we dance around the scented
eucalyptus pyres
then the microprocessors will cave in
like labyrinths dug by groundhogs
everything will be swallowed up again
      by the womb of our plundered earth
supersonic booms will fossilize in the sky
condense clouds will blind
the splendid mirror of the sea
and not even buzzards will glide
from the arms of corcovado christ
spread out in a gesture of helplessness
a vision rising as the most monumental
blind-beggar's cane of all times

SI

El Cristo del Corcovado en Río desde el ojo humano

si malgastamos esta canaán también
si fallamos de nuevo a construir esa
tan cacareada nueva jerusalén
si cortamos los últimos bosques
y embriagados de nuestro propio poder
bailamos alrededor de las aromáticas
piras de eucalipto
entonces, los microprocesadores se derrumbarán
como laberintos excavados por marmotas
              todo será tragado otra vez
por el vientre de nuestra tierra saqueada
estridencia supersónica se fosilizará en el cielo
condensadas nubes cegarán
el espejo espléndido del mar
y ni siquiera los buitres planearán
de los brazos del cristo del corcovado
extendidos en un gesto de impotencia
una visión creciente como el más monumental
bastón de un pordiosero ciego, de todos los tiempos

UNDER THE SOUTHERN CROSS IN HARGHITA
(Dél keresztje alatt)

The natives of South America build
their fire kneeling in the same way
as the shepherds of Harghita and
count by what their fingers say,
the difference is merely gloss;
the Big Dipper sails our night sky,
above them glows the Southern Cross.

The poncho's got no sleeves, but still
it's not so easy to invest
in a new one while it frays
the same way as a Szekler vest,
the difference is merely gloss;
the Big Dipper sails our night sky,
above them glows the Southern Cross.

Perhaps a state of bliss descended
on me in a roadside inn,
inside me ring the echoes of
the guitar and the mandolin;
two different tunes may well emboss
the same song under the Big Dipper
and the distant Southern Cross.

BAJO LA CRUZ DEL SUR EN HARGHITA

Los nativos de América del Sur construyen
su fuego arrodillados de la misma manera
que los pastores de Harghita
cuentan por lo que sus dedos dicen,
la diferencia es simplemente lustre,
la Osa Mayor navega nuestro cielo nocturno,
por encima de ellos brilla la Cruz del Sur.

El poncho no tiene mangas, pero aún
no es tan fácil invertir
en uno nuevo mientras se desgasta
del mismo modo que un chaleco Szekler,
la diferencia es simplemente lustre,
la Osa Mayor navega nuestro cielo nocturno,
por encima de ellos brilla la Cruz del Sur.

Tal vez un estado bendito descendió
sobre mí en un mesón,
dentro de mí suenan los ecos de
la guitarra y la mandolina;
dos temas diferentes, y pueden realzar
la misma canción en la Osa Mayor
y la lejana Cruz del Sur.

Oh you blessed continent,

down south so far—my soul can view

your gold banana crescent moon,

bright like a scythe when it is new,

engulfing me with pangs of loss;

I may behold the Big Dipper but

what I see is the Southern Cross.

*(*Under the Southern Cross *poetry cycle was written between 1983 and 1985, during and subsequent to a visit to the Hungarian diaspora in South America. Entre Ríos is a region in the eastern part of Argentina bounded by four rivers, el Paraná, el Uruguay, el Mecoretá y and el Guayquiraró.)*

Oh, continente bendito,

hacia el sur hasta ahora—mi alma puede ver

tu dorada banana de luna creciente,

brillante como una guadaña cuando es nueva

me envuelve con dolores de una pérdida.

Tal vez miro la Osa Mayor, pero

lo que veo es la Cruz del Sur.

Traducción al español, Carlos Hernández Peña.

(El ciclo de poemas Bajo la Cruz del Sur *fue escrito entre 1983 y 1985 y subsecuentemente a una visita a la diáspora húngara en Sudamérica. Entre Ríos es una región del este de Argentina delineada por cuatro ríos: el Paraná, el Uruguay, el Mecoretá y el Guayquiraró.)*

ACKNOWLEDGMENTS

Some of these English translations from the Hungarian by Paul Sohar first appeared in the following publications: *Chelsea, Exit 13, Illya's Honey, International Poetry Review, Language & Culture, Off the Coast, Spoon River Poetry Review, Trajectory, Hungarian Literature Online* in addition to two volumes of Kányádi in translation: *Dancing Embers* (Twisted Spoon Press, Prague, 2002) and *In Contemporary Tense* (Iniquity Pres, 2013). The Spanish version of the poem "Behind God's Back," translated by Rodrigo Escobar Holguín and Dániel Végh, appeared in *Clave* magazine, no.15.

Grateful acknowledgement is due to Ellen Foos, Enriqueta Carrington, and Carlos Hernández Peña for their tireless and meticulous editorial work.

AGRADECIMIENTOS

Algunas de estas traducciones del húngaro al inglés por Paul Sohar aparecieron por primera vez en las siguientes publicaciones: *Chelsea, Exit 13, Illya's Honey, International Poetry Review, Language & Culture, Off the Coast, Spoon River Poetry Review, Trajectory, Hungarian Literature Online* adicionalmente dos volumenes de Kányádi en traducción: *Dancing Embers* (Twisted Spoon Press, Prague, 2002) y *In Contemporary Tense* (Iniquity Press, 2013). La versión en español del poema "A espaldas de Dios," en traducción de Rodrigo Escobar Holguín y Dániel Végh, apareció en la revista *Clave,* no. 15.

Muy agradecido reconocimiento a Ellen Foos, Enriqueta Carrington, y Carlos Hernández Peña por su infatigable y meticuloso trabajo editorial.

BIOGRAPHICAL NOTES

Paul Sohar (alias Sohár Pál) was only an aspiring writer when he left Hungary after the 1956 Revolution to finish his education in the United States with a BA in philosophy. His writing ambitions found actual fulfillment when he used both his native tongue and the adopted one in translating literary works, including poetry, novels and children's books. His latest translation volume, *In Contemporary Tense* (Iniquity Press, 2013), contains over 300 poems by Sándor Kányádi, from epigrams to works of epic proportions. Selections of his own poetry make up two books: *Homing Poems* (Iniquity Press, 2006) and a prize-winning chapbook *The Wayward Orchard* (Wordrunner Press, 2011). Other awards include: first prize in the 2012 Voices of Lincoln Poetry Contest and second prize for prose in the 2014 Rhode Island Writers' Circle Contest. His magazine credits include *Agni, Gargoyle, Kenyon Review, Rattle, Salzburg Poetry Review,* and *Seneca Review.* He has given talks at MLA and AHEA conferences and lectures at Centennial College, New Jersey.

Rodrigo Escobar Holguín was born in Valle del Cauca, Colombia, in 1945. In 1967 he graduated in architecture from the Universidad del Valle, and in 1973 obtained an MBA from the University of Edinburgh, Scotland. He won first prize in the National Poetry Competition of the Administrative Department of the Civil Service in 1984, and in 1988 obtained the National Prize from the House of Culture, Colombia. *El Reverso de la Luz* (1999) contains work of four Hungarian poets translated in collaboration with Vera Székács. *Para el corazón que no duda* (2005) is a short anthology of haiku in collaboration with Javier Tafur and Atsumi Takahashi. In 2006 he translated *Bai Juyi* (Tang Dynasty) and *Li Qingzhao* (Song Dynasty), in collaboration with students from the University of Beijing. He's currently preparing a book of essays and a book of poetry.

Ricardo Pérez-Salamero García was born in Valencia, Spain, in 1961. He holds a degree in Anglo-Germanic Philology from the University of Valencia and works as a writer and a musician. He has published translations, essays, fiction (a novel and short stories) and several volumes of poetry, among them *Serígrafs i Litúrgica Vulgata,* which won the Premio Ciudad de Valencia 2002 (in Catalan), and most recently *Vuelta a un Mundo Poético en una Eternidad Indescifrable.*

Carlos Hernández Peña, born in Mexico City, is a poet, translator, and author of *Moonmilk and Other Poems* (Ragged Sky Press, 2006). He organized *Voices* (a multicultural poetry series) at the Princeton Public Library. His work appears in *Drunken Boat, Fox Chase Review, US1 Worksheets, Hayden's Ferry Review* and other journals. Carlos works for the Segal Company, employee benefit consultants and actuaries in Princeton, New Jersey.

NOTAS BIOGRAFICAS

Paul Sohar (alias Sohár Pál) aspiraba ser escritor cuando abandonó Hungría después de la Revolución de 1956 para terminar su educación en los EEUU con una licenciatura en filosofía. Su anhelo por escribir encontró satisfacción cuando utilizó tanto su lengua nativa como la adoptada para traducir obras literarias, incluyendo poesía, novelas y libros infantiles. Su último volumen de traducción *In Contemporary Tense* (Iniquity Press, 2013) contiene más de 300 poemas de Sándor Kányádi, desde epigramas hasta textos de proporciones épicas. Selecciones de su propia poesía constituyen dos de sus libros: *Homing Poems* (Iniquity Press, 2006), y *The Wayward Orchard* (Wordrunner Press, 2011), ganador de un concurso. Otros galardones: primer premio en el concurso de Voices of Lincoln Poetry Contest en 2012 y el segundo premio por prosa en el concurso de Rhode Island Writers' Circle en 2014. Sus créditos en publicaciones incluyen *Agni, Gárgola, Kenyon Review, Rattle, Salzburg Poetry Review, Seneca Review*. Ha dado pláticas en MLA y AHEA y conferencias en Centennial College, Nueva Jersey.

Rodrigo Escobar Holguín, nació en Valle del Cauca, Colombia, 1945. En 1967 se graduó en arquitectura en la Universidad del Valle y en 1973 obtuvo una maestría de la Universidad de Edimburgo, Escocia. Ganó el primer premio en el Concurso Nacional de Poesía del Departamento Administrativo del Servicio Civil en 1984 y en 1988 obtuvo el Premio Nacional de la Casa de la Cultura, Colombia. *El reverso de la luz* (1999), contiene textos de cuatro poetas húngaros traducidos en colaboración con Vera Székács. *Para el corazón que no duda* (2005) es una breve antología de Haiku en colaboración con Javier Tafur y Atsumi Takahashi. En 2006 tradujo a *Bai Juyi* (Dinastía Tang) y *Li Qingzhao* (Dinastía Song), en colaboración con estudiantes de la Universidad de Beijing. En preparación hay un libro de ensayos y otro de poesía.

Ricardo Pérez-Salamero García, nacido en Valencia, España, 1961, es Licenciado en Filología Anglogermánica de la Universidad de Valencia. Trabaja como escritor y músico. Ha publicado traducción, ensayo, ficción (una novel y relatos cortos) y varios volúmenes de poesía, entre ellos *Serígrafs i Litúrgica Vulgata* que obtuvo el Premio Ciudad de Valencia 2002 (en Catalán), y más recientemente *Vuelta a un Mundo Poético en una Eternidad Indescifrable*.

Carlos Hernández Peña, nacido en la Ciudad de México, y autor de *Moonmilk and Other Poems* (Ragged Sky Press, 2006), organizó *Voices* (programa de poesía multicultural) en la biblioteca pública en Princeton. Sus poemas y traducciones aparecen en *Drunken Boat, Fox Chase Review, US1 Worksheets, Hayden's Ferry Review* y otras revistas. Carlos trabaja para la compañía Segal, consultores y actuarios en Princeton, Nueva Jersey.

www.ingramcontent.com/pod-product-compliance
Lightning Source LLC
Chambersburg PA
CBHW020944090426
42736CB00010B/1258